Pour ce numéro

Georges vous propose :

Partie 1
DES HISTOIRES

Partie 2
DES JEUX

Partie 3
DES RUBRIQUES-À-BRAC

+

UN LEXIQUE

Georges vous souhaite, Mesdames et Messieurs,
une agréable lecture !

Partie 1
DES HISTOIRES

Tous les mots un peu compliqués et marqués de ce signe * sont expliqués dans le lexique page 55.

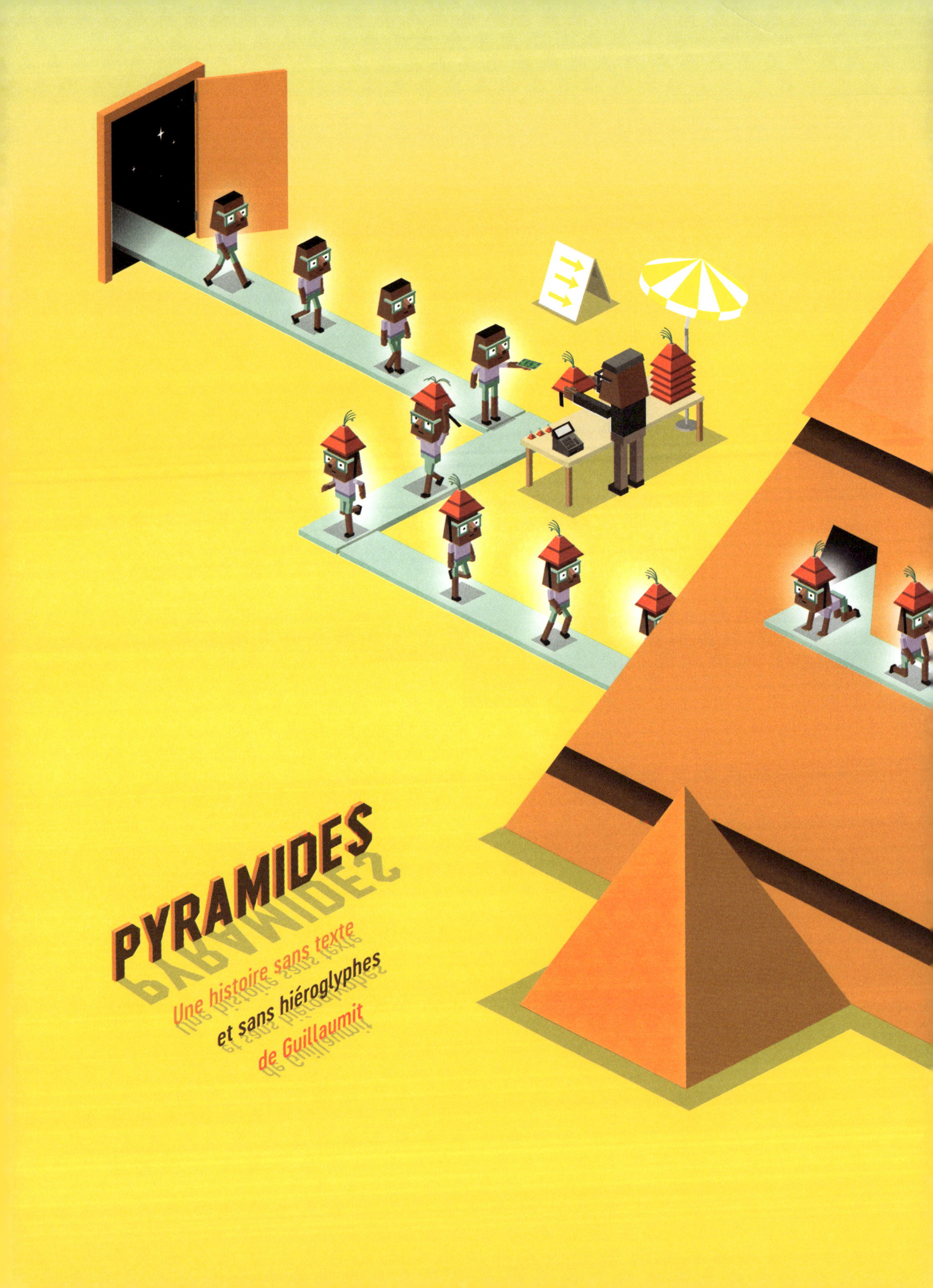
PYRAMIDES
Une histoire sans texte
et sans hiéroglyphes
de Guillaumit

↓ PORTE B

« Pour me préparer, j'ai même recréé tous les décors en carton et en taille réelle dans mon jardin... »

L'interview* de Lucien Chocho

Georges a interviewé Lucien Chocho qui joue Gaétan, le personnage principal que l'on suit tout au long de l'histoire *Pyramides*. Entre cascades et effets spéciaux, il nous raconte le tournage de cette histoire.

GG **Pyramides est une histoire « muette ». Est-ce la première fois que vous jouez dans une histoire comme ça ?**

Lucien Mon premier métier étant cascadeur, je suis habitué à ne rien dire. Je fonce, j'escalade, je tombe et je roule sans faire de bruit. Et à vrai dire, les dialogues en champ-contrechamp* m'ennuient. Je préfère tourner autour d'une pyramide, la traverser et m'y perdre pour mieux la comprendre.

GG **Et puis, comme il n'y a pas de dialogues à apprendre, cela doit rendre ce rôle plus facile que d'autres ?**

Lucien Vous savez, ce n'est pas facile de faire le geste juste et précis, au bon moment, quand la caméra est prête à tourner. Pour me préparer, j'ai même recréé tous les décors en carton et en taille réelle dans mon jardin (heureusement, j'ai un peu de place) et j'ai passé l'été à m'y entraîner.

GG **C'est vrai qu'à plusieurs reprises, on vous voit faire des acrobaties, du chameau, de la plongée ou encore de l'avion... D'ailleurs, quelle a été la scène la plus difficile pour vous ?**

Lucien Le petit saut au sommet de la pyramide N°3, avec l'atterrissage en position assise sur l'oiseau doré, a été particulièrement ardu* à réaliser. Pour vous donner une idée, c'est 18 jours d'entraînement rien que pour ce saut !

GG **Il y a beaucoup d'effets spéciaux dans cette histoire, le tournage devait être impressionnant...**

Lucien C'est un film à gros budget, en effet, mais je suis habitué aux projets pharaoniques. Ça ne me fait pas peur. Et puis avec un tel sujet, il faut être ambitieux.
On est tout petit face à ces pyramides. Ma fine silhouette dans ces espaces est même un peu ridicule, mais j'ai joué le jeu jusqu'au bout, au service du projet.

GG **J'ai lu que vous vous étiez liés d'amitié avec la grenouille (que l'on voit dans l'avant-dernière scène de l'histoire). Pouvez-vous nous confirmer que vous auriez même des projets cinématographiques ensemble ?**

Lucien Oui, Josie est mon amie, mais je la connais depuis bien avant le tournage de *Pyramides* ! J'apprécie sa présence car avec elle, pas de blabla, ni de coâà-coâà inutiles. Nous nageons et plongeons ensemble. Il est vrai que nous aimerions créer un film aquatique tous les deux.
Je ne peux pas encore trop en parler mais l'idée serait d'explorer les mondes sous-marins de notre planète et d'en ramener des images inédites.

Texte & Illustration : Marie Novion

Nous devons chercher sans relâche jusqu'à tenir ce précieux support d'écriture, obtenu par superposition de fines lamelles tirées de la plante Cyperus papyrus, entre nos pattes !
Y'a pas de doute…
C'est vous le professeur, Professeur !
Pfff… J'aime pas chercher des trucs !
On joue aux archéologues, je te signale…
TOI, t'es archéologue ! MOI, je suis AVENTURIER !
Je croyais que t'étais docteur…
ATCHOUM !
JULIEN CLERC
À vos souhaits, Doc !
ATCHOUM
ATCHOUM !
Tenez Doc, j'ai tout prévu !
TRUUUURU UUUTUTUT
Professeur Panpi ! Je crois que je suis allergique à la poussière…
HA HA !!! Tu parles d'un DOCTEUR ÈS AVENTURES !!!
hum !
J'espère que c'est pas encore un de vos trucs pour aller manger des tartines en douce, Doc !
Vous inquiétez pas Professeur !
J'ai trouvé une solution.
eemeu* !
AAAAH !!!
* plus de poussière dans le nez !
FIN
marie novion

L'homme qui ressuscita le pharaon

Georges te raconte aujourd'hui l'extraordinaire découverte faite par Howard Carter, un archéologue anglais, le 4 novembre 1922. Dans la Vallée des Rois*, en Égypte, il trouve l'entrée d'un tombeau* contenant des richesses fabuleuses...

Un destin hors du commun

Personne n'aurait pu imaginer que le petit Howard connaîtrait un jour un tel destin. Dernier d'une famille de 11 enfants, il ne fréquente pas l'école à cause de sa santé fragile mais révèle un grand talent pour le dessin. C'est ce don qui le conduit à s'aventurer en Égypte où il est engagé à l'âge de 17 ans pour reproduire des trouvailles archéologiques.

Sur place, le jeune homme tombe amoureux du pays, de son histoire et de ses trésors. Il apprend vite, sur le terrain, au contact d'archéologues réputés. Le dessinateur un peu timide devient un égyptologue* respecté. Oubliant sa santé fragile, il brave la chaleur et goûte au frisson de l'aventure. Lors d'une promenade, son cheval trébuche sur une marche ensablée. Il croit avoir trouvé l'entrée d'un tombeau et part convaincre un mécène* de financer ces fouilles coûteuses. Une équipe entreprend les travaux, le suspense est à son comble, on ouvre le tombeau et... Patatras : la salle est vide !

Une découverte extraordinaire

Mais les dieux égyptiens offrent à Carter une seconde chance ! Il croise à Louqsor* le chemin de Lord Carnarvon, un riche passionné d'archéologie. Ce dernier, charmé par ses connaissances et son enthousiasme, finance de nouvelles recherches qui vont durer 8 longues années jusqu'à ce jour béni de novembre 1922. Howard Carter et son équipe découvrent enfin les marches d'un escalier menant à un tombeau. Ils le dégagent et déchiffrent les hiéroglyphes gravés : ce tombeau est celui d'un pharaon peu connu, Toutankhamon. Il leur faudra cependant encore patienter 18 jours avant d'en savoir plus ! Prévenu par télégramme, Lord Carnarvon, qui habite au Caire, insiste pour qu'on l'attende...

L'émotion est très grande lorsque les fouilles reprennent à son arrivée. Personne n'a foulé ce sol depuis 3000 ans ! Derrière le mur qui bouchait l'entrée et qu'ils ont dû percer, Carter et Carnarvon n'en croient pas leurs yeux. À la lueur d'une bougie dont la flamme vacille à cause de l'air difficilement respirable, ils distinguent, ébahis, des centaines d'objets, du mobilier, des statues, souvent recouverts d'or !

Il leur faudra 5 ans pour répertorier* une à une les 3800 pièces que recèlent les 3 chambres du tombeau. Parmi elles, il y a de nombreux objets ayant appartenu au pharaon enfant, comme des petites sandales, des chaussettes, ou encore, des jeux de société. En effet, ce roi est monté très jeune sur le trône, à l'âge de 8 ou 9 ans. Mais il y a surtout, le masque funéraire et le magnifique cercueil en or contenant la momie de Toutankhamon ! Ces trésors qui feront le tour du monde sont aujourd'hui conservés au Musée égyptien du Caire.

Partie 2
DES JEUX

Solutions p.56.

Tous les mots un peu compliqués et marqués de ce signe * sont expliqués dans le lexique page 55.

JEU n° 1 éGyPToLoGie

Illustration : Aurore Petit

En s'intéressant aux pyramides, Georges en a appris un peu plus sur l'Égypte antique...

A. Voici ci-dessous les noms correspondant aux illustrations de la page de gauche. Décode-les :

1. 

2. 

3. 

4. 

5. 

6. 

7. 

8. 

9. 

B. Voici des phrases que Georges a relevées dans son livre d'histoire. Pour les compléter, inscris le numéro des mots que tu as décodés ci-dessus dans les ronds jaunes :

1 • La civilisation égyptienne s'est développée il y a environ 5000 ans, le long du plus grand fleuve d'Afrique : ____ .

2 • L'Égypte est gouvernée par le ____ . Sa barbe est toute droite. Seul lui et les dieux ont le droit de porter le ____ , une coiffe en tissu rayé. En public, il peut aussi apparaître avec le ____ sur la tête : une double couronne qui représente la Haute et la Basse-Égypte. D'autres accessoires symbolisent son pouvoir : le ____ (car il guide) et le ____ (car il peut punir).

3 • Les Égyptiens croient à de très nombreux ____ . Ceux-ci sont représentés sous forme humaine et/ou animale, tout comme le pharaon (également considéré comme un dieu), souvent figuré en ____ : une créature avec un corps de lion et une tête d'homme.

4 • Durant leur règne, certains pharaons ont fait construire des ____ (par des milliers d'ouvriers) pour que leur corps y repose après leur mort. Avant d'y être déposé, le corps est nettoyé et préparé, puis enveloppé de bandelettes de lin*, c'est la momification.

5 • Cette civilisation aura duré de -3000 à -31 avant J.-C.

JEU n° 2 CaRNaVaL au MuSée

Georges s'est rendu au musée du Louvre pour découvrir les œuvres de la collection égyptienne. En arrivant, il a remarqué que les visiteurs s'étaient déguisés...

A. Retrouve les 10 différences qu'il y a entre les 2 images.

B. D'après toi, les personnes se sont déguisées en ayant choisi comme thème :

❏ les œuvres du musée du Louvre ❏ les Jeux olympiques ❏ les pirates

Georges a également vu qu'il y avait une pyramide dans la cour Napoléon du musée.

C. Voici quelques informations à ce sujet. Relie les 2 moitiés des phrases :

a Cette pyramide a été ouverte	environ 21 mètres de haut et 35 mètres de large. 1
b L'architecte qui l'a dessinée	au public en 1989. 2
c Elle est constituée de verre et d'acier, et mesure	s'appelle Ieoh Ming Pei. 3

 Illustration : Stéphanie Lasne

Georges a commencé un croquis dont le thème est «Pyramide à degrés*, soleil brillant et crocodiles». Dessine la seconde moitié de manière symétrique*, puis colorie le tout !

Mesdames et Messieurs,
derrière cette page, vous trouverez
1 pyramide à découper !

Et si jamais vous ne voulez pas découper Georges, ou qu'une seule pyramide n'est pas suffisante pour le pharaon que vous êtes, sachez que vous pouvez imprimer ces pages dans les bonus du site :
www.magazinegeorges.com

Au milieu du magazine, il y a uNe PyRaMiDe à DéCouPeR !

Design : Jean-David Minseroux

Matériel : une paire de ciseaux + de la colle

—— Découper

- - - - Plier

Coller

Mesdames et Messieurs,
ne vous arrêtez pas de fouiller,
car derrière cette page, c'est maintenant 1 sphinx
que vous trouverez !

Pages également disponibles dans les bonus du site :
www.magazinegeorges.com

Au milieu du magazine, il y a aussi uN SPHiNX à DéCouPeR !

Matériel : une paire de ciseaux + de la colle

Découper

Plier

Coller

Design : Jean-David Minseroux

Mesdames et Messieurs,
à bientôt pour
de nouveaux découpages !

JEU n° 4 CéLéBRiTéS MêLéeS

Illustration : Stéphanie Lasne

Voici 4 personnages historiques qui ont un lien fort avec l'Égypte :

Howard Carter :
Cet anglais passionné d'Égypte découvre la tombe du pharaon Toutankhamon en 1922 (voir p. 20).

Cléopâtre :
Dernière et célèbre reine d'Égypte (de 51 à 30), qui sera notamment aimée de Jules César.

Imhotep :
Conseiller et architecte du pharaon Djéser, il invente pour lui la pyramide à degrés, vers 2800 av. J.-C.*

Jean-François Champollion :
Cet égyptologue français est le premier à déchiffrer les hiéroglyphes (voir p. 46) dans les années 1820.*

A. Retrouve leurs noms, ainsi que tous les autres mots écrits de chaque côté de cette pyramide (attention, ils peuvent être écrits dans tous les sens !) :

ARCHITECTE
CANOPE*
CARTER
CÉSAR
CHAMPOLLION
CLÉOPÂTRE
DJÉSER
ÉGYPTE
GRENOUILLES
HÉRONS
HIÉROGLYPHES

HIPPOPOTAMES
IBIS
IMHOTEP
MOMIE
NEZ
NIL
OIES
PYRAMIDE
SCRIBE*
TOUTANKHAMON

U C
E N
X H C D
C Q A I
E T P Y G E
U C M C X U
Q J K L S E I O
K V T F E P S L
E G H O C D O C A I
T R A U A U G P L R
Y C E F T G N M Q A G Y
A E N E A D G I Y A T W
L Y T O C N U X B L G T R T
E B I U S K K U D T E C Z E
H W E H I P H K C A R H E R S E
E C Z C L O A A N X A M I E Q J
A R Y Q R L U M T U M D M H M C N X
K O C C A E F O V P D H P F I D E G
M Z N P N H S Q N O Y O Y J H B M J F U
K U S O S R A C L G T L V X E I C W E C
P C L E C H Y E L C E G P C B I S Z A T S G
Q J L B A K Z I T P O C H I J M J E F N D E
B A O U J R P O C Y R O G R E V K J U T K O T R
R P I K Z T N T Y E H A C M O M I E G D Z L P N
I A K R Y E E O T I T E S E M A T O P O P P I H E Q
N V Z P V N R L H R P Y R A M I D E M I P J G F E E

B. Avec les 5 lettres orange qui se trouvent dans la pyramide, forme le nom d'un animal qui ne se trouve certainement pas sur les bords du Nil :

JEU n° **5** SePT MoiNS SiX

Illustration : Giacomo Bagnara

Georges aurait aimé pouvoir faire un long voyage et découvrir les Sept Merveilles du monde. Ce sont des constructions extraordinaires qui ont été nommées ainsi durant l'Antiquité*. Malheureusement, 6 d'entre elles n'existent plus aujourd'hui...

A. Voici ci-contre, une affiche imaginaire où l'on aperçoit des morceaux des Sept Merveilles. Grâce aux descriptions suivantes, inscris le numéro de chacune à leur emplacement sur l'affiche.

1. LA GRANDE PYRAMIDE DE KHÉOPS • Emplacement : Gizeh (Égypte)

C'est la plus grande des pyramides, elle mesurait presque 147 mètres à sa construction, mais avec l'érosion*, elle a perdu 10 mètres aujourd'hui.

2. LES JARDINS SUSPENDUS DE BABYLONE
Emplacement : Babylone (Mésopotamie = Irak aujourd'hui)

Cet incroyable édifice était composé d'arcades, de voûtes et de nombreux étages en terrasses, sur lesquels étaient plantés une multitude d'arbres.

3. LE STATUE DE ZEUS • Emplacement : Olympie (Grèce)

Cette immense statue (12 mètres de haut) représentait le dieu grec Zeus, assis sur son trône. Le tout était placé sur un piédestal*, dans un temple.

4. LE TEMPLE D'ARTÉMIS À ÉPHÈSE
Emplacement : Éphèse (ancienne ville de Turquie)

Ce temple a été détruit et reconstruit plusieurs fois. Il était dédié à la déesse grecque Artémis. Ses colonnes (8 en façade et 21 sur les côtés) mesuraient 19 mètres de haut.

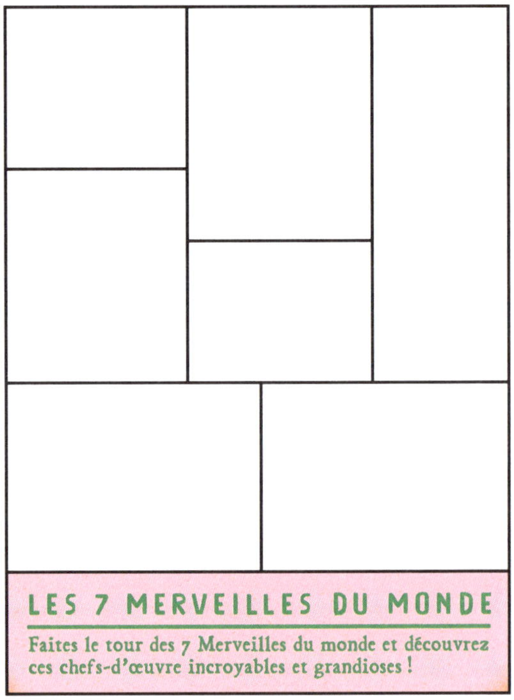

5. LE MAUSOLÉE* D'HALICARNASSE
Emplacement : Halicarnasse (ancienne ville de Turquie)

Cet énorme tombeau* (environ 43 mètres de haut) était constitué de 36 colonnes et d'un toit pyramidal, orné de statues d'hommes et d'animaux, dont une énorme au sommet représentant un char et 4 chevaux.

6. LE COLOSSE* DE RHODES • Emplacement : Rhodes (île grecque)

Cette statue géante de 34 mètres représentait le dieu Hélios (dieu du Soleil), portant sa couronne.

7. LE PHARE D'ALEXANDRIE • Emplacement : Alexandrie (Égypte)

Ce fut l'un des premiers phares (tour qui éclaire les côtes et guide les marins), il comptait 3 étages et mesurait environ 135 mètres.

B. Si tu as bien lu les descriptions, saurais-tu dire à Georges laquelle de ces constructions existe encore aujourd'hui ?

....

C. En observant l'affiche, Georges a fait une liste d'adjectifs correspondant à ces constructions. Relève ses 4 erreurs :

FANTASTIQUE — MERVEILLEUX — IMMENSE — BAVARD — GIGANTESQUE — GRANDIOSE

MONSTRUEUX — EXTRAORDINAIRE — RAPIDE — INCROYABLE — COLOSSAL — CATASTROPHIQUE

LES 7 MERVEILLES DU MONDE

Faites le tour des 7 Merveilles du monde et découvrez ces chefs-d'œuvre incroyables et grandioses !

Illustration : Ben Tardif

L'autre jour, Simone et Georges sont allés voir un spectacle de pyramides humaines.

A. Grâce aux indices ci-dessous, inscris le numéro du maillot qui correspond à chaque personne composant la pyramide ci-contre (Georges a déjà noté 3 numéros pour t'aider) :

INDICES :

- Agatha porte Billie et Khadija.
- Heinz est porté par Robert et Theresa.
- Sadi et Lucie sont tout en haut de la pyramide.
- Maya est symétriquement opposée à Gabriel.
- Gabriel a les cheveux frisés et un bandeau bleu.
- Alvar porte le plus grand numéro.
- Le N° de Robert multiplié par 2 égale celui de Cédric.
- William et Lucile sont côte à côte, si on additionne leurs maillots cela fait 88.
- Mateï est entre Theresa et Brune.
- Line est tout en bas et Mike a des lunettes.
- Cédric touche le pied de Ludovic.

Agatha > n° **71**
Alvar > n°
Billie > n°
Brune > n°
Cédric > n°
Gabriel > n°
Heinz > n° **19**
Khadija > n° **33**
Line > n°
Lucie > n°
Lucile > n°
Ludovic > n°
Mateï > n°
Maya > n°
Mike > n°
Robert > n°
Sadi > n°
Theresa > n°
William > n°

Beaucoup d'enfants sont venus voir ce spectacle. Voici les nombres exacts de filles F et de garçons G qui avaient entre 7 et 14 ans ce soir-là :

7 ans : 10 F - 22 G	**8 ans :** 32 F - 16 G	**9 ans :** 24 F - 30 G	**10 ans :** 37 F - 42 G
11 ans : 14 F - 28 G	**12 ans :** 20 F - 31 G	**13 ans :** 17 F - 25 G	**14 ans :** 15 F - 18 G

B. Remplis les 2 tableaux que Georges a commencé ci-dessous en coloriant les lignes (en fonction des âges et des nombres de filles et garçons) :

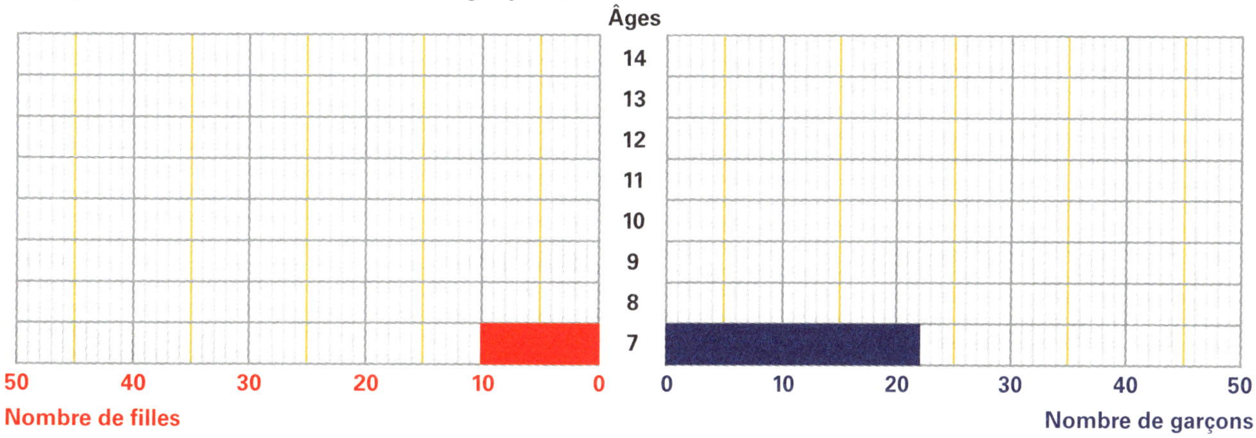

> *On appelle ce genre de tableaux une « pyramide des âges ».*

Voici maintenant 2 pyramides de chiffres.

C. Calcule les nombres manquants sachant qu'un nombre est toujours égal à la somme des deux nombres écrits sur la ligne inférieure (voir exemple avec les cases roses).

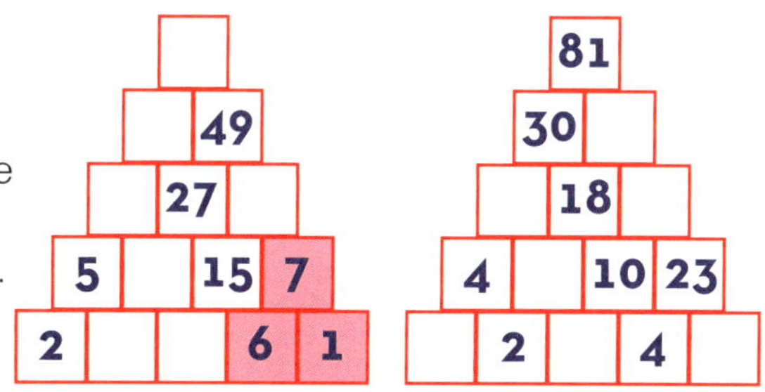

JEU n° **7** **PaR iCi La SoRTie ?**

Ce que Georges ignorait, c'est que toutes les pyramides ne se trouvent pas en Égypte. Il y en a aussi en Amérique centrale.

A. Aide le personnage à rejoindre la pyramide.

B. Voici 3 noms de peuples amérindiens ayant vécus entre 250 et 1532. Pour les connaître, supprime tous les **H**, **L** et **O** :

HALOZTHÈQOUES • LOMALYHAS • OLINCHASO

C. Parmi cette liste de pays, quel est l'intrus et pourquoi ?

GUATEMALA • VIÊTNAM • COSTA RICA • MEXIQUE • PANAMA

Partie 3
DES RUBRIQUES-À-BRAC

Tous les mots un peu compliqués et marqués de ce signe * sont expliqués dans le lexique page 55.

Propos recueillis par Vincent Jadot - Illustration : Stéphanie Lasne

Quand j'étais PETITE je ne voulais pas être ~~actrice~~ ! mais égyptologue

Georges a toujours pensé que les égyptologues* étaient de vieux messieurs couverts de poussière, portant moustaches et lunettes. Alors quand Amandine Marshall est arrivée, il crut voir Néfertiti*.

Quel métier rêvais-tu de faire quand tu étais petite ?

Amandine : Dès l'âge de 5 ans, j'ai voulu être archéologue, avec une préférence pour la Grèce antique. Je voulais même qu'on appelle mon petit frère Télémaque*.

Mais comment peut-on s'intéresser si jeune à la Grèce antique ?

Amandine : En grande maternelle, ma maîtresse était formidable, son mari avait construit pour la classe un grand bateau en bois. On s'y installait pour travailler et l'écouter nous raconter chaque jour un épisode des aventures d'Ulysse.

Et ensuite...

Amandine : Dans un petit musée, j'ai vu ma première momie. Je me suis passionnée pour l'Égypte. En classe de 5e, nous sommes allés à Pompéi. Je me suis réconciliée avec l'Empire romain que j'avais jusqu'à présent boudé.

Et quand as-tu réalisé tes premières fouilles ?

Amandine : Chaque année, pendant les vacances chez mes grands- parents, je participais à des fouilles archéologiques. Elles étaient organisées par des chantiers de bénévoles* dans un petit village de l'Aveyron.

À 13 ans, tu savais exactement ce que tu ferais ?

Amandine : Oui et je voulais apprendre tant de choses que j'ai fait 13 années d'études après mon bac.

Mais as-tu déjà trouvé des trésors égyptiens ?

Amandine : Oui, à Louqsor, mais il ne s'agissait pas de sarcophages en or. Dans un temple, on a découvert une école datant de l'époque des pharaons. On a trouvé des billes en silex dans la cour de récré et même des brouillons en pierre sur lesquels les enfants faisaient des lignes d'écriture en hiéroglyphes.

Que fais-tu quand tu n'es pas en Égypte ?

Amandine : J'écris des livres, je publie des articles dans des revues scientifiques, j'anime des ateliers pour apprendre les hiéroglyphes dans des écoles, je participe à des conférences, je peins...

Quel conseil donnerais-tu à un enfant qui voudrait devenir archéologue ?

Amandine : Bien travailler en langues (anglais et allemand pour lire les documents des chercheurs) et en histoire, bien sûr. Il faut aussi tester des ateliers fouilles, sur des chantiers qui prennent des bénévoles. De plus, de nombreux musées proposent des stages ludiques d'initiation à l'archéologie.

Mer Méditerranée
Alexandrie
Le Caire
Le Nil
Mer Rouge
ÉGYPTE
Louqsor

Bla-Bla-Bla...

Les hiéroglyphes

Les hiéroglyphes ont été créés en Égypte vers 3200 avant J.-C. Cette écriture (qui est compliquée à lire et écrire) a été utilisée pendant presque 3500 ans. Et maintenant, c'est à toi de jouer les scribes* !

À savoir !

▲ **Les hiéroglyphes** étaient généralement réservés aux textes religieux, gravés dans la pierre, peints sur des murs ou des papyrus*. Pour le reste, les scribes utilisaient des écritures simplifiées : **le hiératique**, puis **le démotique**.

▲ Il existerait plus de 6000 hiéroglyphes. Ils sont répartis en **3 catégories** :

1 - ceux qui représentent un **mot** (= les idéogrammes).

Exemples :  = bouche  = maison  = soleil

2 - ceux qui correspondent à un ou plusieurs **sons** (= les phonogrammes).

Exemples :  = [r]  = [per]  = [ch]

3 - ceux qui précisent **le sens d'un mot** (= les déterminatifs). On ne les prononce pas.

Exemple :  = précise que le mot se rapporte à la femme

▲ Un même hiéroglyphe pouvant appartenir à plusieurs catégories, les Égyptiens ajoutaient donc ce signe lorsqu'il fallait le lire en idéogramme. **Exemple :**  = bouche

▲ Pour former un mot, les scribes regroupaient les signes dans des carrés imaginaires.

Exemple :  = [r] + [a]. *Ra* signifie « soleil ».

> On commence toujours par lire le signe qui est au-dessus.

▲ Quand un texte est écrit à la verticale, on le lit de **haut en bas**. Mais quand il est à l'horizontale, on peut le lire soit de gauche à droite, soit l'inverse. Les hiéroglyphes représentant des êtres vivants regardent vers le début du texte.

Exemples :

 Lecture de **droite à gauche** ←

 Lecture de **gauche à droite** →

▲ Il n'y a pas de ponctuation, ni d'espaces entre les mots.

▲ Les noms des pharaons sont écrits dans des cartouches.

Exemple : 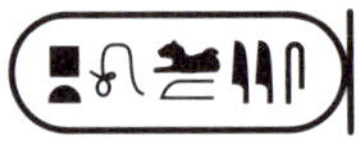

PT O LM IS = Ptolémée

> Ce cartouche a été déchiffré par Jean-François Champollion (voir p.35) en 1821.

Capisce* ? Grâce à la liste de phonogrammes ci-contre, entraîne-toi à écrire ton prénom (ou autre). Les lettres françaises n'ont pas toutes un équivalent, alors voici comment les remplacer :

«C» par **«K»**	**«E»** par **«Ê»**	**«J»** par **«DJ»**
«V» et **«W»** par **«OU»** ou **«F»**	**«X»** par **«K»** + **«S»**	**«Z»** par **«D»** + **«S»**

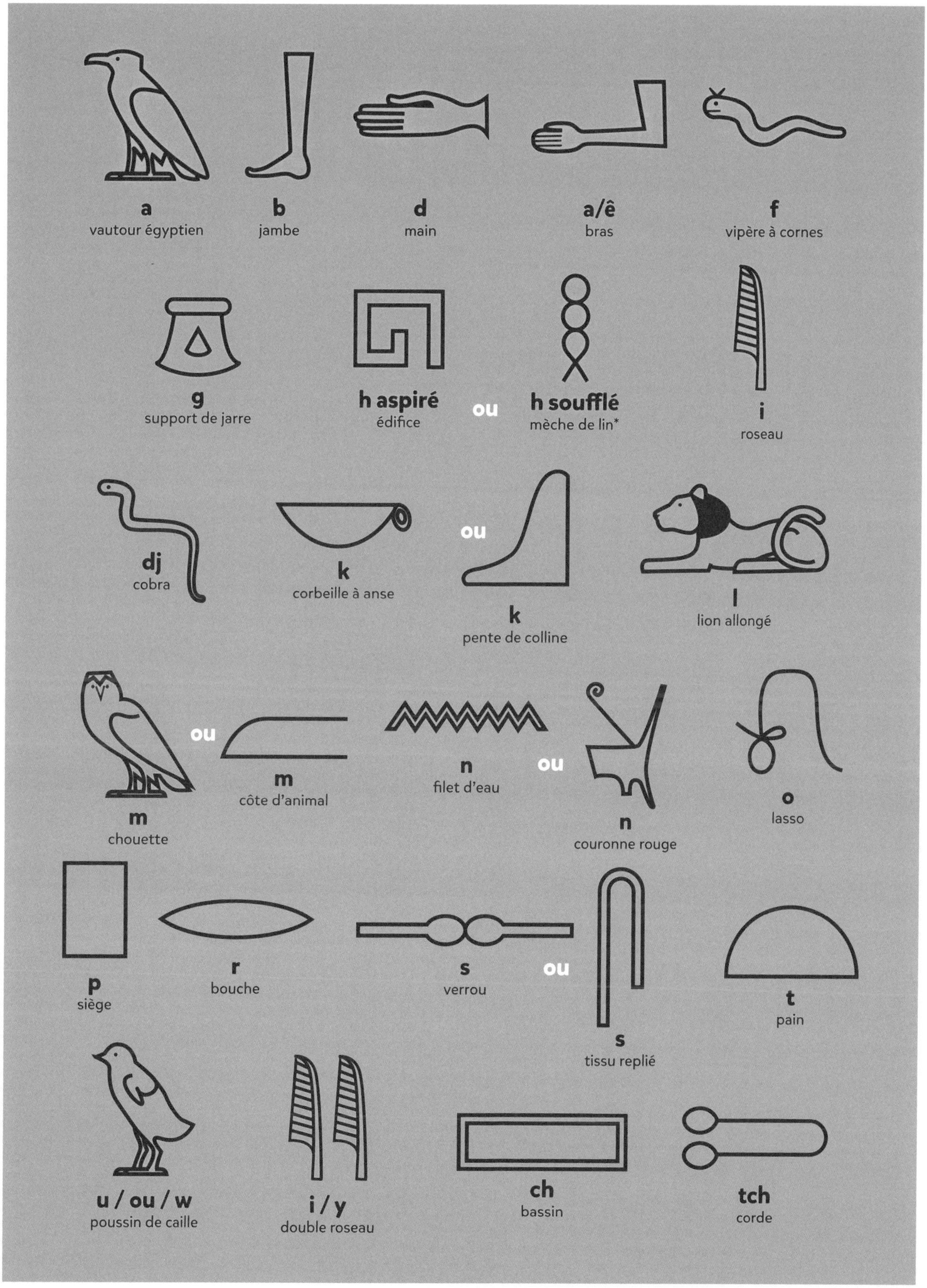
a
vautour égyptien
b
jambe
d
main
a/ê
bras
f
vipère à cornes
g
support de jarre
h aspiré
édifice
ou
h soufflé
mèche de lin*
i
roseau
dj
cobra
k
corbeille à anse
ou
k
pente de colline
l
lion allongé
m
chouette
ou
m
côte d'animal
n
filet d'eau
ou
n
couronne rouge
o
lasso
p
siège
r
bouche
s
verrou
ou
s
tissu replié
t
pain
u / ou / w
poussin de caille
i / y
double roseau
ch
bassin
tch
corde

Illustration : Stéphanie Lasne

Laboratoire

Les pompons magiques

Quand Georges a découvert que les Égyptiens croyaient à la magie, il a voulu essayer un tour. Voici celui des « pompons magiques », qui certes ne vient pas des bords du Nil, mais qui fait son petit effet. Surtout si avant de le faire en public, tu t'entraînes plusieurs fois devant un miroir.

Matériel :

> 3 gobelets opaques (pas forcément de la même couleur, mais de forme identique)

+ 4 feuilles de papier-toilette

Préparation en coulisse :

1. Fabrique 4 pompons en formant 4 boulettes avec les feuilles de papier-toilette.
2. Place un gobelet dans un autre et mets un pompon dans celui du haut.
3. Empile par dessus le 3e gobelet et mets dans celui-ci les 3 autres pompons.

Le tour de magie : *Réunis ton public devant une table et place-toi de l'autre côté de celle-ci.*

1. Pendant le tour, tiens la pile de gobelets de manière un peu inclinée : le bas de la pile dirigé vers le public et le haut vers toi.

2.

Aligne les 3 pompons sur la table.

3.

Place le gobelet du haut derrière le 1er pompon en le retournant.

4. Retourne maintenant le 2e gobelet derrière le 2e pompon, **mais sans faire tomber, ni montrer, le pompon qui est à l'intérieur de celui-ci !** *C'est surtout pour cette étape qu'il faut s'entraîner devant un miroir.*

5. Place maintenant le dernier gobelet.

6.

Pose un pompon sur le gobelet du milieu.

7. Empile les 2 autres gobelets sur le gobelet du milieu.

8. Prononce la formule « *Pompon pidou !* » puis soulève la pile : un pompon apparaît !

9.

Recommence les étapes 3 à 5, mais en plaçant cette fois-ci le gobelet du mileu sur le pompon du centre.

10. Pose un des pompons sur le gobelet du milieu.

11. Recommence les étapes 7 et 8 : 2 pompons apparaissent !

12.

Recommence les étapes 3 à 5, mais en plaçant cette fois-ci le gobelet du mileu sur les 2 pompons.

13. Pose le dernier pompon sur le gobelet du milieu.

14.

Recommence les étapes 7 et 8 : les 3 pompons apparaissent !

LES POMPONS MAGIQUES !

Un tour de magie, sans baguette, ni chapeau pointu !

TchiTcha

Astérix et Obélix : mission Cléopâtre

Astérix et Obélix ne sont pas vraiment égyptiens, mais dans l'album *Astérix et Cléopâtre*, les célèbres gaulois (créés par René Goscinny et Albert Uderzo) se rendent à Alexandrie. Cette histoire a été adaptée en dessin animé en 1968 par ses auteurs, puis en film en 2001 par Alain Chabat.

L'histoire :

Pour prouver à César la puissance du peuple égyptien, Cléopâtre décide de lui faire construire un magnifique palais en un temps record. Elle confie cette mission impossible au jeune architecte Numérobis. Celui-ci part chercher de l'aide auprès d'Astérix et Obélix...

Les personnages :

- **Cléopâtre :** célèbre reine de l'Égypte, elle est très colérique et César l'a profondément vexée.
- **César :** empereur à la « grosse tête », il nargue* volontairement Cléopâtre.
- **Les servantes de Cléopâtre :** elles sont 4, assises par terre dans la pièce.
- **Le goûteur de Cléopâtre :** il est assis et caresse un petit chat.

Action !

C'est la 1re scène du film. Elle se passe chez Cléopâtre. César est allongé sur une banquette, il mange du raisin en faisant tomber des grains et en crachant les pépins par terre. Cléopâtre, qui est très énervée contre lui, n'arrête pas de marcher dans la pièce. Les servantes et le goûteur observent ce qu'il se passe.

Les dialogues :

CLÉOPÂTRE : *(Elle casse un vase.)* ASSEZ !!!

CÉSAR : *(Allongé sur une banquette, il mange du raisin.)* Hum... *(Il crache un pépin.)* Je dis juste que culturellement parlant, l'Égypte, c'est pas non plus... mais je dis pas qu'il n'y a pas eu une grande période égyptienne, ça d'accord, je dis simplement qu'aujourd'hui, ton peuple est décadent* *(puis un autre)* et que l'Égypte n'est plus qu'une province de Rome.

CLÉOPÂTRE : Une province ?!

CÉSAR : Bah oui... *(Il lance un grain mais rate sa bouche.)*

CLÉOPÂTRE : Jusqu'à nouvel ordre, ô César, ce ne sont pas les Romains qui ont construit les pyramides.

CÉSAR : *(Il dessine un triangle avec son doigt.)* Le truc pointu, là ?

CLÉOPÂTRE : Et le Sphinx ? Et la tour de Pharos ? C'est quoi, de la gnognote ?!!

CÉSAR : Oui, enfin, ça date pas d'hier...

CLÉOPÂTRE : Que ce soit hier ou aujourd'hui, mon peuple est le plus grand de tous les peuples.

CÉSAR : Dis donc ! Ton peuple, ton peuple... T'es quand même grecque au départ alors comme égyptienne de souche, j'ai vu mieux, *(il rate encore sa bouche, le grain atterrit dans son œil)* excuse-moi...

CLÉOPÂTRE : ASSEZ !!! *(Elle casse un autre vase.)* Mais je peux te prouver n'importe quand, ô César, que mon peuple égyptien a gardé tout son génie.

CÉSAR : Ah oui et comment ? En dessinant des bonshommes de face ? *(Il rit.)*

CLÉOPÂTRE : Non... En te faisant construire un palais, par exemple.

CÉSAR : Franchement c'est bon, en palais, j'ai tout ce qu'il faut à Rome.

CLÉOPÂTRE : Et bien tu en auras un autre ici, à Alexandrie. Comme ça, quand tu viendras en province, tu sauras où dormir. À la différence qu'il sera bien plus vaste et somptueux *(elle est derrière lui et lui relève la tête d'un coup, avec sa main sous son menton)* que tous les palais que tu n'as jamais eus.

CÉSAR : Plus vaste et somptueux que le César Palace ? Je demande à voir.

CLÉOPÂTRE : Tu verras.

CÉSAR : Rome ne s'est pas construite en un jour. *(Il crache un pépin.)* Je la verrai quand cette merveille ? *(Et un autre.)* Dans 3 siècles ?

CLÉOPÂTRE : Dans 3 mois. *(Toutes les personnes dans la pièce sont stupéfaites*.)*

CÉSAR : 3 mois ?

LES SERVANTES : *(On lit sur leurs lèvres.)* 3 mois ?

LE GOÛTEUR : *(En chuchotant.)* 3

LE CHAT DU GOÛTEUR : moua

CLÉOPÂTRE : Dans 3 mois, jour pour jour, tu auras ton palais.

CÉSAR : *(Il s'est levé et se tient maintenant face à elle.)* J'ai jamais vu des travaux qui finissaient à l'heure... Mais d'accord, je tiens le pari. Si tu réussis, je reconnaîtrai publiquement que ton peuple est encore un grand peuple... Mais j'en doute.

Mesdames et Messieurs, vous trouverez un extrait de ce film dans les bonus du site : www.magazinegeorges.com

Si j'avais un marteau (ou pas)

Pharaon express & rapide momie

Georges, qui apprécie beaucoup se déguiser, aime trouver des astuces pour que cela ne nécessite pas beaucoup de matériel. Il te propose donc 2 idées de déguisements rapides et efficaces, ainsi qu'en bonus, une méthode pour fabriquer du papyrus*.

DÉGUISEMENT DU PHARAON :

Matériel :

> 1 t-shirt à manches longues foncé ou rayé
+ 1 robe blanche (ou 1 t-shirt adulte ou 1 drap)
+ 1 cordelette noire + du maquillage noir
+ 1 assiette en carton + des feutres / crayons jaunes (ou dorés)

Mode d'emploi :

1. Commence par créer le collier. Pour cela, pose un bol sur l'arrière de l'assiette en carton. Trace son contour à environ 3 cm du bord pour obtenir ceci (en bleu) :

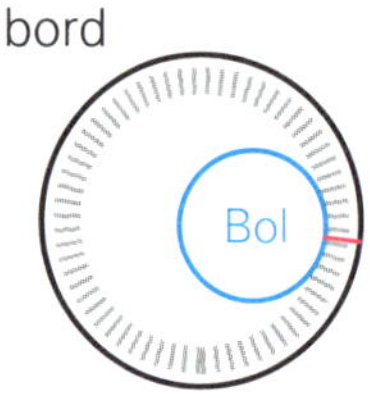

• Avec une paire de ciseaux, fais une fente (en rose) entre ce tracé et le bord de l'assiette, puis découpe le cercle tracé.

• Toujours du même côté, colorie le collier en jaune. Si tu n'es pas trop pressé, tu peux aussi le faire la veille avec de la peinture doré (ou jaune), ce qui sera d'autant plus chic !

2. Enfile la robe blanche puis noue la cordelette autour de ta taille.

3. Avec le maquillage noir, trace de longs traits autour de tes yeux, ainsi que sur tes sourcils. Dessine ensuite une croix sur ton menton pour représenter la barbichette du pharaon.

4. Mets ton collier autour du cou.

5. Place le t-shirt à manches longues sur ta tête, en mettant la tête et les cheveux dans l'encolure (comme ci-contre). Place ensuite la partie du torse à l'arrière de ta tête et fais passer les 2 manches devant.

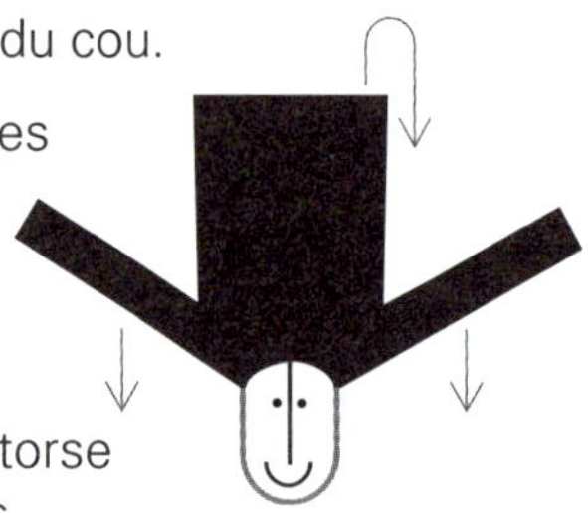

DÉGUISEMENT DE LA MOMIE :

Matériel :

> 1 adulte + 1 pyjama foncé + environ 6 bandes de gaze* + des sachets de thé + du maquillage marron

Mode d'emploi :

1. Fais infuser* 2 ou 3 sachets de thé dans un saladier d'eau. Enroule rapidement les bandes de gaze autour de ton corps pour voir la quantité dont tu as besoin puis plonge-les à l'intérieur du saladier jusqu'à ce qu'elles soient un peu colorées. Puis sors-les et laisse-les sécher.

2. Enfile ton pyjama foncé (ou autre, mais il faut des vêtements moulants). Enroule les bandes de gaze tout autour de ton torse, de tes bras et de tes jambes. Demande à un adulte d'enrouler des bandes autour de ta tête également.

3. Maquille-toi le tour des yeux et de la bouche avec le maquillage marron.

BONUS PAPYRUS :

Matériel :

> 1 adulte + un tout petit peu de colle à papier peint en poudre + 1 peu de café + 2 morceaux de gaze + 1 pinceau + 1 feuille de plastique (ou pochette)

Mode d'emploi :

1. Demande à l'adulte de préparer un petit peu de colle à papier peint, puis ajoute dans la colle un peu de café froid pour obtenir la teinte du papyrus.

2. Déplie et étale les morceaux de gaze, l'un en dessous de l'autre mais en les superposant un peu pour les joindre, sur la feuille de plastique. Avec le pinceau, recouvre-les de colle teintée. Attention, il faut bien éviter les plis !

3. Attends maintenant que ton papyrus soit complètement sec, puis décolle-le.

4. Tel un petit scribe*, inscris des hiéroglyphes dessus (voir p. 46).

JeU

Mesdames et Messieurs,

3 mots imaginaires sont cachés dans le lexique ci-contre...

Les retrouverez-vous ?

> Ils ont été inventés par :
Joséphine (11 ans, Croce), Louise (11 ans, Vitrée)
et Mali (9 ans, Hérimoncourt)
que Georges félicite et remercie !

Solutions p. 57.

LEXIQUE *

OBLIQUE !

A, B

- **ANTIQUITÉ :** époque des civilisations les plus anciennes.
- **ARDU :** très difficile.
- **BÉNÉVOLE :** qui apporte son aide, sans être payé.
- **BUBLIQUER :** l'art de faire des bulles.

C

- **CANOPE :** vase avec un couvercle en forme de tête humaine ou animale, dans lequel étaient mis les viscères (parties intérieures du corps : foie, poumons, etc.) des personnes qui allaient être momifiées.
- ***CAPISCE* :** signifie en italien « compris ? » ; cela se prononce [CAPICHÉ].
- **CHAMP-CONTRECHAMP :** technique de prise de vue au cinéma où une scène est filmée d'un point de vue, puis rejouée et refilmée d'un autre point de vue.
- **COLOSSE :** statue d'une grandeur extraordinaire.

D

- **DÉCADENT :** qui est en chute, qui décline, qui va à la ruine.
- **DEGRÉS (PYRAMIDE À) :** construction pyramidale dont les faces sont en forme d'escalier géant.

E

- **ÉGYPTOLOGUE :** qui étudie l'Égypte ancienne.
- **ÉLÉPHANTOPHILOPHONE :** personne parlant l'éléphant et aimant les éléphants.
- **ÉROSION :** usure d'une surface par les éléments naturels (vent, eau...).

G, I

- **GAZE :** tissu très léger utilisé pour faire des pansements.
- **INFUSER :** laisser tremper du thé, de la tisane ou des feuilles, dans de l'eau chaude.
- **INTERVIEW :** discussion pendant laquelle on pose des questions à une personne pour connaître ses idées, ses projets...

L, M

- **LIN :** plante dont la tige est utilisée pour faire du fil, qui est ensuite tissé pour fabriquer des bandes ou des vêtements.
- **LOUQSOR :** ville d'Égypte.
- **MAUSOLÉE :** très grand tombeau* somptueux.
- **MÉCÈNE :** personne qui protège et/ou aide financièrement une autre personne, ou une organisation, dans les domaines de l'art, de la science, etc.
- **MONTROGRAPHIE :** l'art de faire les montres.

N

- **NARGUER :** défier, provoquer.
- **NÉFERTITI :** reine d'Égypte au 14e siècle avant J.-C.

P

- **PAPYRUS :** plante qui pousse au bord du Nil, avec laquelle les Égyptiens fabriquaient des feuilles pour écrire.
- **PIÉDESTAL :** support sur lequel on place un objet pour le mettre en valeur.

R, S

- **RÉPERTORIER :** classer et inscrire quelque chose dans une liste.
- **SCRIBE :** personne dont le métier était d'écrire, à l'époque de l'Égypte ancienne.
- **STUPÉFAIT :** très étonné.
- **SYMÉTRIQUE :** de façon identique, mais à l'opposé l'une de l'autre.

T

- **TÉLÉMAQUE :** fils d'Ulysse dans la mythologie grecque.
- **TOMBEAU :** monument élevé sur une tombe.

V

- **VALLÉE DES ROIS :** région d'Égypte connue pour abriter les tombes de nombreux rois et pharaons, dont celle de Toutankhamon.

solutions

JEU n° 1 éGyPToLoGie

A. 1. SPHINX. **2.** CROCHET. **3.** NÉMÈS. **4.** FOUET. **5.** PHARAON. **6.** PYRAMIDES. **7.** LE NIL. **8.** PSCHENT. **9.** DIEUX.
B. Phrase 1 : mot N° 7. **Phrase 2 :** mots N° 5, 3, 8, 2 et 4. **Phrase 3 :** mots N° 9 et 1. **Phrase 4 :** mot N° 6.

JEU n° 2 CaRNaVaL au MuSée

A. Voir ci-dessous. **B.** Les œuvres du musée du Louvre. **C.** a > 2. b > 3. c > 1.

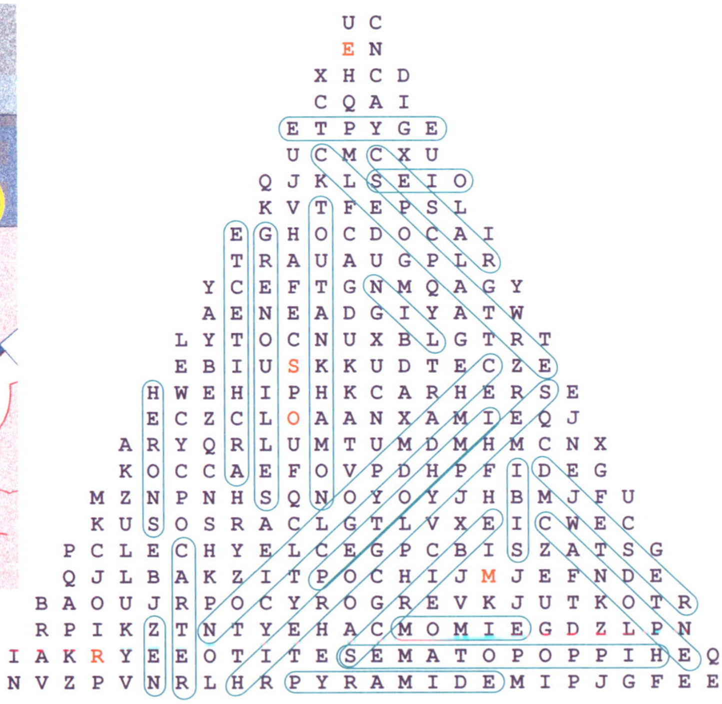

JEU n° 4 CéLéBRiTéS MêLéeS

A. Voir ci-dessus. **B.** MORSE.

JEU n° 5 SePT MoiNS SiX

A. Voir ci-contre. **B.** La grande pyramide de Khéops (toutes les autres descriptions sont au passé). **C.** BAVARD, MONSTRUEUX, RAPIDE et CATASTROPHIQUE.

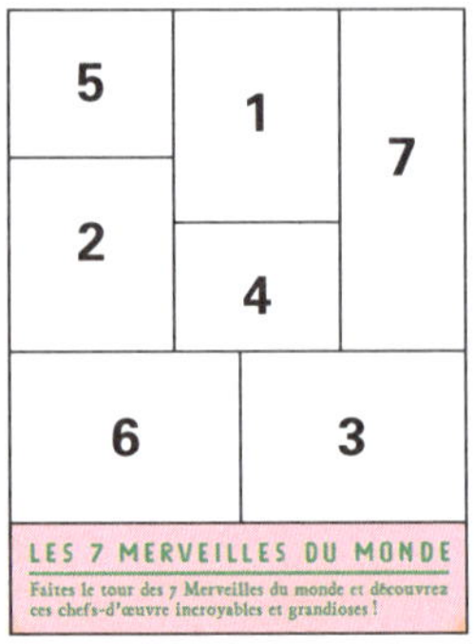

JEU n° 6 BaDaBouM !

A. Agatha > n° **71**, Alvar > n° **91**, Billie > n° **41**, Brune > n° **4**, Cédric > n° **2**, Gabriel > n° **5**, Heinz > n° **19**, Khadija > n° **33**, Line > n° **12**, Lucie > n° **6**, Lucile > n° **22**, Ludovic > n° **17**, Mateï > n° **78**, Maya > n° **3**, Mike > n° **8**, Robert > n° **1**, Sadi > n° **9**, Theresa > n° **88**, William > n° **66**.

B. Voir ci-dessous.

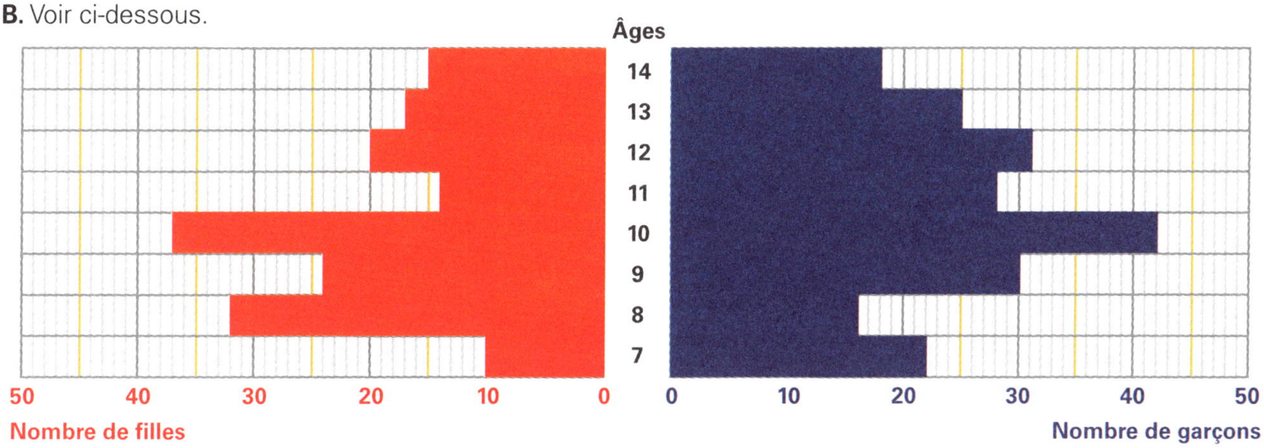

C. Voir ci-contre.

93
44 49
17 27 22
5 12 15 7
2 3 9 6 1

81
30 51
12 18 33
4 8 10 23
2 2 6 4 19

JEU n° 7 CITÉS D'OR

A. Voir ci-dessous. **B.** AZTÈQUES • MAYAS • INCAS. **C.** Le Viêtnam car ce pays se trouve en Asie, et non en Amérique centrale comme les 4 autres.

LEXIQUE

Les mots imaginaires sont : *bubliquer, éléphantophilophone* et *montrographie.*

Rendez-vous le 21 février 2017 pour inspecter le prochain numéro de Georges !

En attendant, découvrez les numéros précédents chez votre libraire ou sur www.magazinegeorges.com

Au fait, qui a fait ça ?

Directrice de publication et rédactrice en chef : Anne-Bénédicte Schwebel
Directrice artistique et maquette : Stéphanie Lasne
Assistante à la rédaction : Anne Bensoussan
Chargée de diffusion : Lise Prudhomme
Relecture : Johanne Nicolas
Ont collaboré à ce numéro : Giacomo Bagnara, Guillaumit, Adrien Herda, Vincent Jadot, Séverin Millet, Jean-David Minseroux, Marie Novion, Aurore Petit, Cristina Spanò et Ben Tardif
Merci à Amandine Marshall, l'égyptologue

Georges est édité par les Éditions Grains de Sel
75, rue Chaponnay, Lyon 3e
Tél. 04 72 60 91 55
www.magazinegeorges.com
georges@grainsdesel.com

Imprimé en Italie par Grafiche AZ
ISSN : 2110-8749 / Dépôt légal : novembre 2016